Bóxers

Grace Hansen

abdopublishing.com

Published by Abdo Kids, a division of ABDO, P.O. Box 398166, Minneapolis, Minnesota 55439.

Copyright © 2017 by Abdo Consulting Group, Inc. International copyrights reserved in all countries. No part of this book may be reproduced in any form without written permission from the publisher.

Printed in the United States of America, North Mankato, Minnesota.

102016

012017

Spanish Translator: Maria Puchol

Photo Credits: iStock, Shutterstock, Thinkstock

Production Contributors: Teddy Borth, Jennie Forsberg, Grace Hansen

Design Contributors: Dorothy Toth, Laura Mitchell

Publisher's Cataloging-in-Publication Data

Names: Hansen, Grace, author.

Title: Bóxers / by Grace Hansen.

Other titles: Boxers. Spanish

Description: Minneapolis, MN : Abdo Kids, 2017. | Series: Perros. Set 2 |
    Includes bibliographical references and index.

Identifiers: LCCN 2016948002 | ISBN 9781624027000 (lib. bdg.) |
    ISBN 9781624029240 (ebook)

Subjects: LCSH: Boxer (Dog breed)--Juvenile literature. | Spanish language
    materials--Juvenile literature.

Classification: DDC 636.73--dc23

LC record available at http://lccn.loc.gov/2016948002

Contenido

Bóxers

Como los boxeadores, estos perros se mueven **suave** y enérgicamente. Además, ¡no conocen el miedo!

Los bóxer son de tamaño mediano. Pesan entre 60 y 70 libras (de 27 a 32 kg).

Los perros bóxer tienen la frente y el **hocico** arrugados. Tienen los ojos color café y las orejas caídas. A algunos bóxer les **recortan** las orejas para que queden paradas.

9

Los bóxer tienen la cola larga

al nacer, pero a algunos se

la **cortan**.

11

El pelo de estos perros es corto y brillante. Está pegado al cuerpo.

El pelo de los bóxer puede ser **atigrado** o de color café claro. Algunos tienen marcas blancas. Todos los bóxer tienen una especie de máscara negra en la cara.

14

15

Cuidados

Gracias a su pelo corto los bóxer son perros limpios. Sólo hay que bañarlos ocasionalmente. A los bóxer se les cae el pelo, por eso es bueno cepillarlos todas las semanas. También es importante limpiarles las orejas.

Ejercicio y juegos

Los bóxer son perros muy activos. Necesitan moverse mucho. Les encanta dar largos paseos e incluso correr. También les gusta jugar a que les tiren una pelota.

Personalidad

Los bóxer son perros inteligentes y es fácil entrenarlos. Son buenos y juguetones. Les gusta pasar tiempo con su familia.

Más datos

- Los bóxer son cariñosos y protectores, por eso muchas familias quieren tener este tipo de perro.

- Los bóxer son originalmente de Alemania. Sus ancestros se criaban para la caza, podían sujetar bien a las presas. Más tarde fueron perros guardianes.

- Originalmente se les **cortaba** la cola y **recortaban** las orejas para que los animales que cazaban no pudieran agarrarse de ellas. Hoy en día no todos los dueños de bóxers les cortan las orejas y la cola.

Glosario

atigrado – que tiene líneas o manchas oscuras sobre un fondo de color gris, café claro o rojizo.

cortado – hecho más pequeño.

hocico – parte de la cara de un perro, incluye la nariz y la boca.

recortar – dar forma cortando una parte de algo para que quede parado.

suavemente – uniforme y sin dificultad.

23

Índice

abdokids.com

¡Usa este código para entrar en abdokids.com y tener acceso a juegos, arte, videos y mucho más!

Código Abdo Kids:
DBK5154